ENZO SCHREMBS

ICH HABE EINE IDEE!

VOM TRÄUMER ZUM UNTERNEHMER

Inspirationen für Entrepreneure

Ich habe eine Idee

1. Auflage 2025

Autor: Enzo Schrembs

ISBN: 978-3-8192-4512-1

Verlag: BoD · Books on Demand GmbH,
Überseering 33, 22297 Hamburg,
bod@bod.de

Druck: Libri Plureos GmbH,
Friedensallee 273, 22763 Hamburg

Teile der Texte wurden mit der Unterstützung von künstlicher Intelligenz formuliert.

Für
Mamma, Babbo, Petra
Lisa
Nana

INHALTSVERZEICHNIS

Enzo Schrembs

Ich habe eine Idee!

Vom Träumer zum Unternehmer

Inspirationen für Entrepreneure

Aus einer wahren Geschichte...

2007 schloss ich mein Studium als Wirtschaftsjurist an der ZHAW in Winterthur ab. Recht faszinierte mich bereits in meiner Kindheit – insbesondere die Fragen nach Gerechtigkeit, ob Recht immer gerecht ist, und so weiter … Aber das ist ein anderes Thema.

Wie so oft im Leben verlaufen Karrieren nicht geradlinig. Nach einigen Jahren in unterschiedlichen beruflichen Bereichen kam 2015 der Moment, in dem ich mich selbstständig machte. Es war eine spontane Entscheidung – ohne lange Überlegungen oder ausgeklügelte Pläne. Besser gesagt: ganz ohne Plan, aber mit vielen Ideen. **„Just do it**!" war mein Motto.

Doch womit genau? Diese Frage blieb zunächst unbeantwortet. Ich wusste nur: Ich werde es schon herausfinden.

Meine Reise als Unternehmer begann genauso – mit Unsicherheit, Neugier und einer guten Portion Mut … und ja, vielleicht auch mit einer gewissen Naivität. Auf diesem Weg habe ich unzählige Fehler gemacht – manche sogar mehrfach. Doch mit jeder Herausforderung wuchs mein Wissen. Ich lernte nicht nur aus meinen eigenen Erfahrungen, sondern auch aus denen meiner Mandanten.

Bis heute durfte ich mehr als 200 Unternehmensgründungen begleiten und dabei individuelle Geschichten, Beweggründe, Hoffnungen und Sorgen kennenlernen. Dieses Buch ist das Resultat dieser Reise. Es ist ein autobiografischer Leitfaden für alle, die mit dem Gedanken spielen, sich selbstständig zu machen, oder die sich bereits auf diesem Weg befinden.

Ich möchte meine Learnings weitergeben – die Fehler, die man vermeiden kann, die Strategien, die sich bewährt haben, und die kleinen, aber entscheidenden Tricks, die das Unternehmerleben erleichtern.

Selbstständigkeit ist mehr als nur ein beruflicher Status – sie ist eine Lebenseinstellung und ein kontinuierlicher Entwicklungsprozess.

Der erste Schritt ist die Umsetzung deiner Idee. Doch wahre unternehmerische Erfolgsgeschichten entstehen erst dann, wenn aus dieser Idee ein nachhaltiges Geschäftsmodell wird. Wenn du dich traust, diesen Weg zu gehen, betrittst du ein Feld voller Herausforderungen – aber auch voller Chancen.

Ich hoffe, dieses Buch hilft dir dabei, nicht nur die richtigen Entscheidungen zu treffen und typische Fallstricke zu umgehen, sondern auch den Übergang von der Selbstständigkeit zum echten Unternehmertum erfolgreich zu meistern.

Dabei ist mir wichtig zu betonen: Dieses Buch ist keine juristische Anleitung, kein Lehrbuch und auch keine vollständige Einführung in die Welt der Unternehmensführung. Es ist eine Sammlung von Gedanken, Erfahrungen, Impulsen und ehrlichen Einblicken – aus meiner Sicht, auf meinem Weg. Es soll dir Denkanstösse geben, Mut machen, Orientierung bieten – aber es ersetzt keine professionelle Beratung. Und es ist nicht abschliessend. Jeder Weg ist anders, und genau das macht Unternehmertum so individuell.

Die Erfahrungen, die ich in diesem Buch mit dir geteilt habe, sollen dich ermutigen, deinen eigenen Weg zu gehen – mit Klarheit, Mut und der Bereitschaft, aus jedem Schritt zu lernen. Nimm dir das mit, was für dich passt – aus meinen Erfolgen, meinen Fehlern, meinen Learnings – und entwickle daraus dein eigenes, starkes Unternehmertum.

Dein Enzo Schrembs

SOLL ICH ODER SOLL ICH NICHT?

„Am Ende ist die grösste Frage nicht: ‚Was, wenn es schiefgeht?‘, sondern: ‚Was, wenn ich es nie versuche?‘"

Was treibt dich an? Hast du eine geniale Idee, die die Welt noch nicht kennt, aber dringend braucht? Oder willst du einfach nie wieder für den Traum anderer Personen arbeiten? Vielleicht möchtest du auch einfach nur mehr Freiheit – keine festgelegten Arbeitszeiten, keinen nervigen Chef, der dir im Nacken sitzt, und endlich das tun, worauf DU wirklich Lust hast.

Egal, was dein Grund ist: Wenn du das Gefühl hast, dass es das Richtige für dich ist, dann mach es! Aber Vorsicht: Selbstständigkeit ist nicht einfach nur „Yeah, ich bin mein eigener Chef!" – sie ist auch „Oh Mist, ich bin mein eigener Chef…". Es bedeutet, dass du die volle Verantwortung für dein Unternehmen trägst. Es gibt keine Abteilung, die sich um deine Buchhaltung kümmert, keine IT-Abteilung, die deinen Laptop repariert, und wenn ein Kunde nicht zahlt, gibt's auch keinen Chef, der dich trotzdem bezahlt. Willkommen in der Welt der Unternehmer!

Ein Unternehmen zu gründen (und es am Laufen zu halten) ist definitiv kein klassischer 9-to-5-Job. Es kann bedeuten, dass du um Mitternacht noch Rechnungen schreibst oder dich sonntags mit einem Kunden triffst. Aber es bedeutet auch, dass du jeden Erfolg ganz allein dir zuschreiben kannst – und das fühlt sich verdammt gut an. Mut haben – aber keine Angst vor dem Scheitern

Ja, der Schritt in die Selbstständigkeit erfordert Mut.

Aber hier ist die gute Nachricht: Es ist keine Entscheidung für die Ewigkeit. Solltest du irgendwann feststellen, dass es nicht so läuft, wie du es dir erhofft hast – kein Problem! Es gibt immer einen Weg zurück in ein Angestelltenverhältnis.

Niemand wird dich schief anschauen, weil du es versucht hast. Im Gegenteil: Die, die scheitern, sind diejenigen, die den Mut hatten, etwas zu wagen. Die anderen? Die reden nur.

Als ich im Frühjahr 2015 zum ersten Mal ernsthaft mit dem Gedanken spielte, mich selbstständig zu machen, war da vor allem eines: Unsicherheit. Bei einem Vortrag eines sehr erfolgreichen Unternehmers ergab sich die Gelegenheit zu einem kurzen Gespräch mit ihm. Ich erzählte ihm, dass mich der Gedanke reizte, meinen eigenen Weg zu gehen. Er sah mich ruhig an und fragte nur: „Warum machst du es nicht? Hast du Angst?" – Ja… ich hatte Angst.

Er nahm mich zur Seite und sagte etwas, das ich bis heute nicht vergessen habe: „Lass dich von deiner Angst nicht aufhalten. Wenn es nicht klappt, gibt es immer einen Weg, wieder aufzustehen. Es gibt unzählige Möglichkeiten, zurück ins Leben zu finden – aber nur eine, wirklich herauszufinden, ob du für das Unternehmertum gemacht bist: Es zu versuchen."

Diese Worte haben etwas in mir ausgelöst. Vielleicht war es genau dieser eine Moment, der den ersten Schritt ermöglicht hat. Danke dir dafür.

Scheitern gehört dazu. Jeder erfolgreiche Unternehmer hat mal ein Projekt gegen die Wand gefahren. Aber weisst du, was diese Leute von denen unterscheidet, die nie etwas riskieren? Sie stehen wieder auf, lernen aus ihren Fehlern und machen weiter.

Kopf einschalten, aber nicht kaputt analysieren
Natürlich solltest du nicht Hals über Kopf in die Selbstständigkeit rennen, ohne dir Gedanken zu machen. Aber Vorsicht: Zu viel Grübelei ist auch nicht gut. Wer ewig plant, während andere längst gestartet sind, bleibt am Ende auf der Strecke. Perfektion gibt's nicht – du musst einfach irgendwann den Sprung wagen und mit der Zeit perfektionieren.

Wichtig dabei ist, dass du dir selbst treu bleibst, während du dich flexibel an die Gegebenheiten des Marktes anpasst. Dein Unternehmen und deine Strategien dürfen sich weiterentwickeln, aber deine Werte, deine Vision und das, was dich antreibt, sollten immer dein Kompass bleiben. Du als Person wirst auch zu deiner Marke werden.

Ausserdem betrifft deine Entscheidung nicht nur dich. Deine Familie, dein Partner oder dein Freundeskreis werden deine Selbstständigkeit mitbekommen – sei es durch deine Euphorie oder durch deine durchgearbeiteten Nächte. Es ist wichtig, das im Hinterkopf zu behalten und mit den Menschen zu sprechen, die dir nahestehen.

Also: Wenn du eine Idee hast und das Gefühl, dass es richtig ist – mach es! Aber mach es mit Verstand, mit Herz und mit der Bereitschaft, zu lernen und zu wachsen.

Und wann ist der richtige Moment?
Gute Frage! Solltest du loslegen, solange du jung bist, keine grossen Verpflichtungen hast und niemand ausser deiner Zimmerpflanze (vielleicht sogar aus Plastik) von dir abhängig ist? Oder ist es klüger, zu warten, bis die Kinder aus dem Hause sind und du wieder mehr Freiraum hast?

Die Wahrheit ist: Es gibt keinen perfekten Zeitpunkt. Nie. Aber gleichzeitig ist jeder Moment der richtige Moment – wenn er sich für DICH richtig anfühlt.

Es gibt immer Gründe, die dagegen sprechen: „Jetzt ist es zu früh, ich habe noch nicht genug Erfahrung." Oder später: „Jetzt ist es zu spät, ich habe zu viel zu verlieren." Die perfekte Zeit wird nie einfach vor deiner Tür stehen und sagen: „Hey, los geht's!" Du musst selbst spüren, ob es passt – ob du bereit bist, ob es möglich ist und ob du die richtige Unterstützung hast.

Wichtig ist, dass du auf dein Herz hörst. Wenn der Gedanke an die Selbstständigkeit dich nicht mehr loslässt, wenn du bei jeder Idee dieses Kribbeln spürst, das dich nicht schlafen lässt – dann ist vielleicht genau JETZT der richtige Moment.

Mach es nicht abhängig von äusseren Bedingungen, sondern von deiner inneren Überzeugung. Denn egal wann du startest: Es wird Herausforderungen geben. Aber wenn du es wirklich willst, wirst du Wege finden, sie zu meistern.

Soll ich oder soll ich nicht?

Kurz und knapp: Wenn du das Gefühl hast, dass die Selbstständigkeit der richtige Weg für dich ist – dann mach es! Aber mach es bewusst. Es wird nicht nur sonnige Tage geben, sondern auch Momente, in denen du dich fragst, warum du dir das eigentlich antust. Die Antwort? Weil du für dich und deine Vision arbeitest, nicht für jemand anderen. Es gibt keinen perfekten Zeitpunkt, also hör auf, danach zu suchen. Wichtig ist, dass du bereit bist, Verantwortung zu übernehmen, zu lernen, dich anzupassen und auch mal auf die Nase zu fallen – denn genau das gehört dazu.

Wenn du eine Idee hast, die dich nicht loslässt, und den Mut, den ersten Schritt zu machen, dann ist genau JETZT der richtige Moment.

Mach es mit Herz, mit Verstand und mit der Bereitschaft, zu wachsen. Denn am Ende ist die grösste Frage nicht „Was, wenn es schiefgeht?", sondern: **„Was, wenn ich es nie versuche?"**

ICH HABE EINE IDEE!

„Eine Idee kann sich in deinem Kopf grossartig anfühlen – doch erst, wenn sie in der Realität funktioniert, wird sie wertvoll."

Jede grosse Reise beginnt mit einem ersten Schritt. Jede erfolgreiche Gründung beginnt mit einer Idee. Vielleicht ist sie dir beim Duschen oder bei einem Espresso Martini am Abend in deinem Stammlokal gekommen, vielleicht hast du ein Problem erkannt, das dringend gelöst werden muss. Vielleicht hast du einfach nur dieses Gefühl, dass „da draussen" eine Möglichkeit auf dich wartet. Vielleicht ist es auch nur eine Schnapsidee – wer weiss das schon…
 Doch wie kannst du sicher sein, dass deine Idee gut ist? Dass sie nicht nur für dich spannend klingt, sondern auch für andere einen echten Mehrwert bietet?

Woher weiss ich, ob meine Idee wirklich gut ist?
 Eine Idee kann sich in deinem Kopf grossartig anfühlen – doch erst, wenn sie in der Realität funktioniert, wird sie wertvoll. Die besten Ideen lösen ein Problem oder erfüllen ein tiefes Bedürfnis. Frage dich:

- Braucht die Welt das wirklich? Gibt es Menschen, die genau das suchen?
- Warum gibt es das noch nicht? Ist es eine echte Marktlücke oder gibt es gute Gründe, warum es bisher nicht existiert?
- Was macht meine Idee besser als bestehende Alternativen?

Sprich mit anderen darüber. Lass dich nicht nur von der Euphorie deiner Freunde mitreissen, sondern höre genau hin, wenn jemand Bedenken äussert. Die besten Unternehmen entstehen nicht aus blinder Begeisterung, sondern aus geschärfter Klarheit.

Ich erinnere mich noch genau an den Moment, als ich glaubte, eine bahnbrechende Idee zu haben. Es war im August 2017, bei einem Kaffee am Seerhein, als ich sie einem meiner Mentoren und Vorbilder zum ersten Mal anvertraute. Er hörte aufmerksam zu und stellte mir bewusst und konstruktiv eine Menge kritischer Fragen. Nach und nach wurde mir klar: Meine Idee war völliger Unsinn. Meine anfängliche Begeisterung verpuffte innerhalb weniger Minuten. Doch anstatt enttäuscht zu sein, war ich erleichtert – ich hatte Klarheit gewonnen und erkannt, dass ich mich geirrt hatte.

Gleichzeitig – und das ist entscheidend – bleibe dir selbst treu. Kennst du den Spruch: „**Alle sagten, es geht nicht. Dann kam einer, der wusste das nicht – und hat es einfach gemach**t"? Genau das kann auch dir passieren. Höre auf die Meinungen deiner Umgebung, lass dir kritische Fragen stellen und hinterfrage deine Idee. Aber lass dich nicht davon steuern oder gar aufhalten, wenn du tief in dir spürst, dass sie richtig ist. Und selbst wenn du dich irrst – zumindest hast du es versucht.

Und ganz entscheidend: Kannst du mit deiner Idee Geld verdienen? Die romantische Vorstellung, einfach seiner Leidenschaft zu folgen, ist schön – aber ohne eine wirtschaftliche Basis bleibt es nur ein Hobby. Selbst die beste Idee kann scheitern, wenn die Preisstrategie nicht durchdacht ist. Zu teuer – und niemand kauft es. Zu billig – und du verdienst nichts.

Überlege dir:
- Welche Kosten hast du? Was kostet dich die Produktion oder die Bereitstellung deiner Dienstleistung?
- Wie hoch muss deine Marge sein? Wieviel musst du verlangen, um profitabel zu sein?
- Was ist dein Produkt wert? Manchmal sind Menschen bereit, für eine Marke oder Exklusivität mehr zu zahlen – nutzt du das aus?

- Was macht die Konkurrenz? Schau dir an, wie ähnliche Produkte oder Dienstleistungen bepreist sind – und finde deinen eigenen Weg.

Erst wenn du hier Antworten hast, lohnt es sich, den nächsten Schritt zu gehen.

Keine Angst vor dem Scheitern

Es gibt einen Grund, warum viele Menschen ihre Ideen nie umsetzen: die Angst zu scheitern. Doch was, wenn ich dir sage, dass fast alle grossen Unternehmer gescheitert sind – nicht nur einmal, sondern oft?

- **Howard Schultz**, der Mann hinter Starbucks, wurde 244 Mal von Banken abgelehnt, bevor jemand an seine Vision glaubte. Er sagte: *„Risk more than others think is safe. Dream more than others think is practical.“*
- **Walt Disney** bekam über 300 Absagen, bevor jemand sein Disneyland finanzierte. Ironischerweise hielt ihn sein erster Arbeitgeber für „nicht kreativ genug“. Von ihm stammt das Zitat: *„The difference between winning and losing is most often not quitting.“*
- **James Dyson** baute mehr als 5000 Prototypen, bevor sein Staubsauger funktionierte. Dazu passt seine Aussage: *„Enjoy failure and learn from it. You can never learn from success.“*

Der Unterschied zwischen Erfolg und Misserfolg liegt oft nur darin, wie lange jemand bereit ist, weiterzumachen. Wer aufgibt, verliert. Wer weitermacht, gibt sich die Chance zu gewinnen. Scheitern ist kein Endpunkt – es ist eine Station auf dem Weg nach vorne.

Mach dir einen Businessplan – aber bitte keinen 50-seitigen Roman!

Viele glauben, dass ein Businessplan das Allerwichtigste ist – aber ganz ehrlich?

Die wenigsten erfolgreichen Gründer haben sich anfangs mit einem endlosen Dokument aufgehalten. Die Einzigen, die von so einem Businessplan profitieren, sind die Berater, die dafür teure Honorare verlangen.

Viel wichtiger ist es, ein Geschäftsmodell zu haben, welches funktioniert. Und genau dafür gibt es das **Business Model Canvas (BMC)**: Das BMC ist ein visuelles Werkzeug, mit dem du dein Geschäftsmodell auf einer einzigen Seite darstellen kannst. Es besteht aus neun Bausteinen – darunter Kundensegmente, Wertangebote, Einnahmequellen und Schlüsselpartner.

Dieses Modell hilft dir, schnell Klarheit zu bekommen, dein Konzept zu testen und flexibel anzupassen. Gerade als Gründer brauchst du keine Theorie, sondern eine praktische, umsetzbare Strategie.

Fazit
Eine Idee allein reicht nicht – sie muss umsetzbar, gefragt und finanziell tragfähig sein. Teste sie, sprich mit Menschen darüber, rechne nach und vor allem: Hab keine Angst zu starten! Die besten Unternehmen wurden nicht von denen gegründet, die nur darüber nachgedacht haben – sondern von denen, die es einfach gemacht haben.

GRÜNDEN ODER KAUFEN?

„Egal, für welchen Weg du dich entscheidest – es ist wichtig, dass du ihn bewusst und gut vorbereitet gehst."

Gründen oder kaufen?

Du hast dich entschieden: Du willst selbstständig sein! Doch jetzt stehst du vor der nächsten grossen Frage – sollst du ein eigenes Unternehmen von Grund auf gründen oder ein bestehendes Unternehmen übernehmen?

Beide Optionen haben ihre Vor- und Nachteile. Die Wahl hängt stark von deinen persönlichen Zielen, Ressourcen und deiner Risikobereitschaft ab – sowie von der Verfügbarkeit geeigneter Übernahmeprojekte auf dem Markt.

Unternehmen gründen

Der Vorteil einer Gründung liegt darin, dass du dein Unternehmen ganz nach deinen eigenen Vorstellungen aufbauen kannst. Es ist dein Traum, dein Konzept, deine Vision – ohne Altlasten aus der Vergangenheit. Doch genau das bedeutet auch, dass du bei null anfängst.

Vorteile einer Gründung:
- **Keine Altlasten:** Du übernimmst keine bestehenden Schulden, schlechten Verträge oder rechtlichen Probleme. Dein Unternehmen startet mit einer weissen Weste.
- **Freie Gestaltung:** Dein Business beginnt mit deinem Traum. Du kannst Strukturen, Prozesse und Unternehmenswerte genau nach deinen Vorstellungen gestalten.
- **Neue Reputation:** Da du von Anfang an dabei bist, kannst du dein Markenimage selbst aufbauen und musst nicht mit einem bestehenden Ruf umgehen – sei er positiv oder negativ.

Nachteile einer Gründung:

- **Start bei null:** Du hast keine bestehenden Kunden, keine laufenden Einnahmen und keine etablierten Beziehungen. Es kann dauern, bis dein Geschäft profitabel wird.
- **Hoher Aufwand:** Eine Gründung erfordert viel Planung – von der Unternehmensform über Finanzierungsfragen bis zur Marktstrategie.
- **Risikoreicher:** Da du von Grund auf beginnst, trägst du das volle Risiko, wenn sich deine Geschäftsidee nicht wie geplant entwickelt.

Unternehmen kaufen

Eine Alternative zur Gründung ist der Kauf eines bestehenden Unternehmens. Dabei geht es nicht um den Kauf einer leeren Unternehmenshülle (einer sogenannten Mantelgesellschaft), sondern um die Übernahme eines funktionierenden Betriebs mit laufenden Geschäften, Kunden und Strukturen.

Ein häufiges Szenario ist die Unternehmensnachfolge – wenn ein Unternehmer in den Ruhestand geht und sein Lebenswerk weitergegeben werden soll. Falls du in einer bestimmten Branche tätig sein möchtest und die Möglichkeit hast, ein solides Unternehmen zu übernehmen, kann dies eine sehr gute Option sein.

Vorteile eines Unternehmenskaufs:

- **Sofortiger Markteintritt:** Das Unternehmen existiert bereits, hat Kunden, Umsatz und bewährte Geschäftsprozesse.
- **Bestehende Strukturen:** Du übernimmst ein funktionierendes System – oft mit erfahrenen Mitarbeitenden, etablierten Lieferantenbeziehungen und vorhandenen Verträgen.

Risiken eines Unternehmenskaufs:

- **Altlasten**: Das Unternehmen kann Schulden, ausstehende Rechtsstreitigkeiten oder veraltete Strukturen mitbringen.

- **Hoher Kaufpreis**: Ein profitables Unternehmen hat seinen Preis – die Finanzierung sollte gut durchdacht sein.
- **Due Diligence erforderlich:** Vor dem Kauf musst du eine umfassende Prüfung durchführen, um versteckte Risiken zu erkennen (z. B. finanzielle, rechtliche oder operative Probleme).

Fazit: Welche Option ist die richtige für dich?

 Wenn du eine innovative Idee hast, deine eigene Marke aufbauen willst und bereit bist, von null anzufangen, ist eine Gründung der beste Weg. Falls du aber lieber mit einer bewährten Struktur starten möchtest und dir eine schnelle Markteinführung wichtig ist, könnte der Kauf eines bestehenden Unternehmens die klügere Wahl sein.

Es gibt auch einen dritten Weg: Du kannst dein eigenes Unternehmen gründen – und später zusätzlich einen bestehenden Betrieb übernehmen. Genau diesen Weg bin ich selbst gegangen. Ich habe zunächst meine Übersetzungsagentur ESTRA gegründet. Einige Jahre später, als mein Vater älter wurde, habe ich die Gelegenheit genutzt, seine Übersetzungsagentur zu übernehmen und in mein eigenes Unternehmen zu integrieren.

So entstand nicht nur ein grösseres, stärkeres Ganzes, sondern auch eine Verbindung zwischen zwei Generationen, Erfahrungen und Perspektiven.

Egal, für welchen Weg du dich entscheidest – es ist wichtig, dass du ihn bewusst und gut vorbereitet gehst. Deine Entscheidung sollte zu deinen persönlichen Zielen und Ressourcen passen, denn sowohl eine Gründung als auch ein Unternehmenskauf sind grosse Schritte auf dem Weg in die Selbstständigkeit.

WELCHE RECHTSFORM?

„Die Wahl der richtigen Rechtsform ist eine der ersten grossen Entscheidungen auf deinem Weg in die Selbstständigkeit.“

Herzlichen Glückwunsch! Du hast dich entschieden, dein eigenes Unternehmen zu gründen. Doch bevor du richtig loslegen kannst, steht eine der ersten und wichtigsten Entscheidungen an: Welche Rechtsform soll dein Unternehmen haben?

Diese Entscheidung ist weit mehr als nur eine bürokratische Notwendigkeit. Sie bestimmt, wie du haftest, wie viel Startkapital du benötigst, welche steuerlichen und administrativen Pflichten auf dich zukommen und wie du dein Unternehmen langfristig führen kannst. Eine kluge Wahl kann dir viel Stress ersparen – während eine unüberlegte Entscheidung dich später teuer zu stehen kommen kann.

Die wichtigsten Rechtsformen für Gründer

In der Schweiz gibt es viele verschiedene Rechtsformen, doch für die meisten Gründer kommen vor allem vier infrage: das Einzelunternehmen (EU), die Kollektivgesellschaft (KLG), die Gesellschaft mit beschränkter Haftung (GmbH) und die Aktiengesellschaft (AG).

Das Einzelunternehmen ist die einfachste und schnellste Form der Selbstständigkeit. Du meldest dich als Einzelunternehmer an, kannst sofort loslegen und hast vergleichsweise wenig administrative Hürden. Besonders für kleine Unternehmen oder Freiberufler ist diese Rechtsform ideal.

Allerdings solltest du dir bewusst sein: Du haftest mit deinem gesamten Privatvermögen.

Das bedeutet, wenn dein Unternehmen Schulden macht, trägst du das volle persönliche finanzielle Risiko.

Für die Gründung eines Einzelunternehmens sind nur wenige Formalitäten notwendig. Der wichtigste Schritt ist die Anmeldung bei einer Ausgleichskasse – damit wirst du offiziell als selbstständig erwerbend anerkannt. Eine Eintragung ins Handelsregister sowie die Anmeldung zur Mehrwertsteuer sind erst ab einem bestimmten Jahresumsatz verpflichtend. Trotzdem empfehle ich dir, beides frühzeitig zu erledigen, da es deine Glaubwürdigkeit und dein professionelles Auftreten als Unternehmer deutlich stärkt.

Wichtig zu wissen: Beim Einzelunternehmen muss dein Nachname im Firmennamen enthalten sein. Das bedeutet, selbst wenn du ein kreatives oder beschreibendes Firmenbranding verwendest, muss dein persönlicher Nachname erkennbar bleiben – etwa in der Form „Estra Übersetzungen Schrembs" oder „Schrembs Legal".

Die Kollektivgesellschaft (KLG) ist für mindestens zwei natürliche Personen gedacht, die gemeinsam ein Unternehmen gründen möchten. Sie bietet eine einfache Struktur und erfordert kein Mindestkapital. Allerdings gibt es einen entscheidenden Haken: Die Gesellschafter haften nicht nur mit ihrem Privatvermögen, sondern auch solidarisch. Das bedeutet, dass du im schlimmsten Fall sogar für die Schulden deines Partners aufkommen musst. Die Gründung erfolgt mit dem Gesellschaftervertrag, anschliessend ist die Anmeldung im Handelsregister erforderlich.

Die Gesellschaft mit beschränkter Haftung (GmbH) ist eine beliebte Wahl für viele kleine und mittelständische Unternehmen. Der grosse Vorteil dieser Rechtsform liegt bereits im Namen: Die Haftung ist beschränkt – das bedeutet, dass dein Privatvermögen geschützt bleibt. Um eine GmbH zu gründen, benötigst du allerdings ein Startkapital von mindestens 20'000 CHF, das vollständig einbezahlt werden muss.

Die Aktiengesellschaft (AG) ist besonders dann interessant, wenn du Investoren an Bord holen möchtest.

Die Gesellschafter, also die Aktionäre, bleiben anonym, und eine AG geniesst hohes Ansehen. Allerdings ist der Einstieg teurer: Das Mindestkapital beträgt 100'000 CHF, wobei mindestens 50'000 CHF einbezahlt werden müssen (das ist die sogenannte Teilliberierung).

Die Gründung bei GmbH und AG läuft ähnlich ab. Die kurze Fassung: Statuten aufstellen, Kapital einzahlen, öffentliche Beurkundung der Gründungsunterlagen und Anmeldung beim Handelsregister.

Neben diesen vier gibt es noch weitere Rechtsformen, etwa die Genossenschaft oder die Kommanditgesellschaft. Diese spielen jedoch für die meisten Gründer eine untergeordnete Rolle und werden daher hier nicht näher behandelt – wir wollen es ja nicht unnötig kompliziert machen, oder?

Wie finde ich die richtige Rechtsform für mich?
Die Wahl der passenden Rechtsform hängt von mehreren Faktoren ab. Eine der ersten Fragen, die du dir stellen solltest, lautet:

1. Bist du allein oder hast du einen Partner?
Wenn du dein Unternehmen alleine gründen möchtest, stehen dir grundsätzlich drei Optionen offen: das Einzelunternehmen, die GmbH oder die AG. Das Einzelunternehmen ist der einfachste und kostengünstigste Weg in die Selbstständigkeit, während GmbH und AG mehr rechtliche Sicherheit, aber auch höhere Kosten mit sich bringen.

Falls du mit einem oder mehreren Partnern gründest, kommt zusätzlich die Kollektivgesellschaft infrage. Aber auch hier können eine GmbH oder eine AG eine gute Lösung sein – wenn ihr eine klare Haftungsbegrenzung und eine geregelte Kapitalstruktur wünscht.

2. Wie viel Risiko bist du bereit einzugehen?

 Eine der entscheidendsten Überlegungen betrifft die Haftung. Beim Einzelunternehmen und der Kollektivgesellschaft haftest du persönlich – und das bedeutet, dass du im schlimmsten Fall mit deinem gesamten Privatvermögen für geschäftliche Schulden aufkommen musst.

Anders sieht es bei der GmbH und der AG aus: Hier bleibt dein Privatvermögen geschützt, denn du haftest nur mit dem Gesellschaftsvermögen. Diese Haftungsbeschränkung ist ein wesentlicher Vorteil und gibt vielen Gründer ein gutes Sicherheitsgefühl.

3. Wie viel Kapital kannst du zu Beginn investieren?

 Nicht jedes Unternehmen benötigt eine grosse Anfangsinvestition. Ein Einzelunternehmen oder eine Kollektivgesellschaft kannst du ohne Mindestkapital gründen – wenn du also möglichst kostengünstig starten möchtest, sind diese Optionen besonders attraktiv.

Für eine GmbH brauchst du hingegen mindestens 20'000 CHF, die vollständig einbezahlt werden müssen.

Eine AG erfordert sogar 100'000 CHF, wobei mindestens 50'000 CHF sofort zur Verfügung stehen müssen. Diese Kapitalanforderungen machen GmbH und AG für einige Gründer unerschwinglich, bieten aber gleichzeitig mehr Stabilität und Glaubwürdigkeit gegenüber Banken, Investoren und Geschäftspartnern.

4. GmbH oder AG – was ist die richtige Wahl?

 Falls du zwischen einer GmbH und einer AG schwankst, gibt es einige wichtige Unterschiede zu beachten. Bei einer GmbH sind die Gesellschafter namentlich bekannt, was sie für Investoren weniger attraktiv macht.

Eine AG hingegen bietet Anonymität, was den Einstieg von Kapitalgebern erleichtert.

Beide Rechtsformen geniessen nationalen Firmennamenschutz – das bedeutet, dass dein Unternehmensname in der ganzen Schweiz geschützt ist. Auch der Gründungsprozess ist bei beiden ähnlich, wobei die AG aufgrund ihrer höheren Kapitalanforderungen und zusätzlichen Regularien etwas aufwendiger ist.

Was, wenn ich mich später umentscheide?
 Eine gute Nachricht: Die Wahl deiner Rechtsform ist nicht endgültig. Falls du dich zunächst für ein Einzelunternehmen oder eine Kollektivgesellschaft entscheidest, kannst du diese später in eine GmbH oder sogar in eine AG umwandeln – dank des Fusionsgesetzes (FusG).

Viele Unternehmer starten klein und passen ihre Rechtsform im Laufe der Zeit an ihr Wachstum an. Es kann also eine sinnvolle Strategie sein, zunächst mit einem Einzelunternehmen zu starten und später – wenn dein Geschäft wächst – in eine GmbH oder AG zu wechseln.

"Während andere mit einem kurzen Elevator-Pitch überzeugten, dauerte meine Erklärung gefühlt so lange wie ein Überseeflug."

Papierkram erledigen

Bevor du richtig durchstartest – oder spätestens in den ersten Monaten – gibt es einige wichtige Formalitäten zu erledigen. Dazu gehört die Anmeldung als selbstständig Erwerbender bei der Ausgleichskasse, sofern du ein Einzelunternehmen oder eine Kollektivgesellschaft gründest.

Ausserdem solltest du prüfen, ob eine Registrierung bei der Eidgenössischen Steuerverwaltung (ESTV) für die Mehrwertsteuer erforderlich ist und welche Abrechnungsmethode für dein Unternehmen am besten geeignet ist. Diese bürokratischen Schritte mögen nicht spannend sein, sind aber essenziell, um von Anfang an rechtlich und finanziell auf sicheren Beinen zu stehen.

Der richtige Name – mehr als nur ein Wort

Der Name deines Unternehmens ist der erste Eindruck, den potenzielle Kunden und Geschäftspartner erhalten. Er sollte einprägsam, leicht verständlich und rechtlich abgesichert sein. Bevor du dich festlegst, solltest du folgende Fragen klären:

- **Marken- und Handelsregisterrecht:** Ist der Name bereits geschützt oder eingetragen? Eine Überprüfung im Handelsregister (zefix.ch) sowie beim IGE (Institut für Geistiges Eigentum) kann spätere Probleme vermeiden. Denk daran: KLG, GmbH oder AG geniessen nationalen Schutz. Das heisst, ein im Handelsregister eingetragener Firmenname darf schweizweit nicht doppelt verwendet werden. Einzelunternehmen hingegen haben lediglich lokalen Schutz – also nur am Ort ihrer Eintragung.

Ausserdem gilt: Beim Einzelunternehmen muss dein Nachname im Firmennamen enthalten sein. Kreative Zusätze sind erlaubt – etwa „Schrembs Solutions" oder „Kreativatelier Meier" – aber dein Nachname muss klar erkennbar bleiben.

- **Internationale Bedeutung:** Wie wirkt dein Name in anderen Märkten?

Ein Beispiel aus meiner Erfahrung: Mein Logo – das doppelte „S" für Schrembs Solutions – erwies sich in Deutschland aufgrund historischer Assoziationen als problematisch. Für internationale Märkte entwickelte ich deshalb eine neue Marke: Allegra41 – ohne kulturelle oder markenrechtliche Stolpersteine.
Ein weiteres bekanntes Beispiel ist Burger King. Weltweit unter diesem Namen bekannt – ausser in Australien. Dort war die Wortmarke bereits durch einen kleinen Imbiss in Adelaide geschützt. Daher tritt Burger King dort als „Hungry Jack's" auf.

- **Bedeutung & Wiedererkennungswert:** Wofür soll dein Name stehen? Er sollte deine Unternehmenswerte widerspiegeln und sich von der Konkurrenz abheben.

Finde deine Position im Markt
Bevor du loslegst, stell dir eine entscheidende Frage:
Bist du lieber ein Haifisch in einem kleinen Becken oder ein kleiner Fisch in einem grossen Becken?

Haifisch im kleinen Becken: Du spezialisierst dich auf eine Nische und dominierst dort.

Kleiner Fisch im grossen Becken: Du trittst in einem gesättigten Markt gegen viele grosse Player an.

Definiere deinen USP (Unique Selling Proposition): Was macht dein Angebot einzigartig?

Überlege dir einen klaren, prägnanten Pitch, mit dem du in wenigen Sätzen erklären kannst, warum Kunden genau dich wählen sollten. Du kennst sicher den Begriff „Elevator Pitch" – genau darum geht's

Ich selbst hatte das zu Beginn nicht.
Ich bot zu viele Dinge an, ohne klare Positionierung. Gespräche waren diffus, ich konnte nicht präzise erklären, was ich eigentlich mache. Ich dachte, Vielfalt bringt mir mehr Chancen – doch das Gegenteil war der Fall. Statt Interesse zu wecken, verwirrte ich potenzielle Kunde.
Niemand wusste genau, wofür ich stand. Selbst mein Umfeld war sich nicht sicher, womit ich mich beschäftigte. Ich hatte keinen knackigen Pitch – und Menschen kannten weder meinen Wert noch mein Angebot. Während andere überzeugten, redete ich gefühlt so lang wie ein Überseeflug dauert.

Mit der Zeit lernte ich, mich klarer zu positionieren – aber das kostete Zeit und Geld. Diesen Fehler musst du nicht machen.

Finde deinen USP, kommuniziere ihn klar – und bring dein Angebot auf den Punkt. Weniger ist oft mehr, besonders wenn es darum geht, dein Business verständlich und attraktiv zu präsentieren.

Ein grossartiges Tool dafür ist der **Golden Circle** von Simon Sinek.
Dieses Konzept hilft dir, dein Unternehmen nicht nur über das Was und Wie, sondern vor allem über das Warum zu erklären – also den tieferen Zweck und die Motivation hinter deinem Business.

Ein berühmtes Beispiel ist Apple.
Die meisten Unternehmen kommunizieren so:

- Was? Wir verkaufen Computer.
- Wie? Unsere Geräte sind leistungsstark und benutzerfreundlich.
- Warum? (wenn überhaupt) Weil wir Geld verdienen wollen.

Apple dreht es um:
Warum? Wir glauben daran, den Status quo herauszufordern und anders zu denken.
Wie? Durch elegante, intuitive und benutzerfreundliche Produkte.
Was? Hochwertige Computer, Smartphones und Tablets.

Menschen identifizieren sich mit dieser Vision – nicht nur mit dem Produkt. Übertrage das auf dein eigenes Business:
Starte mit dem Warum – und du wirst Kunden emotional viel stärker ansprechen.

Marketing: Deine Marke sichtbar machen
Um erfolgreich zu sein, brauchst du eine durchdachte Marketingstrategie. Dazu gehören:
Logo & Name: Sie sollen deine Werte und Zielgruppe widerspiegeln.
Zielgruppenanalyse: Wo findest du deine Kunden – online, lokal, branchenspezifisch? Wie kannst du in Kontakt treten?
Netzwerken: Erste Kontakte knüpfen und dein Umfeld sensibilisieren. Dein persönliches Netzwerk wird eine zentrale Rolle für deinen Erfolg spielen.

Bei all dem hilft dir das bereits vorgestellte Business Model Canvas (BMC).

Absicherung: Welche Versicherungen brauchst du?
Der Schutz deines Unternehmens ist essenziell, um finanzielle Risiken zu minimieren. Folgende Versicherungen sind besonders relevant:

- **Rechtsschutzversicherung:** Juristische Streitigkeiten können teuer und nervenaufreibend sein. Eine Rechtsschutzversicherung schützt dich vor hohen Kosten und sorgt für professionelle Unterstützung. Ich selbst – als Jurist – habe eine und kann sie nur empfehlen.

- **Haftpflichtversicherung**: Schäden, die durch dich, dein Unternehmen oder Mitarbeitende verursacht werden, können gravierende Folgen haben. Eine Betriebshaftpflichtversicherung sichert dich ab.
- **Krankentagegeldversicherung (KTGV):** Egal, ob du Angestellte hast oder nicht – längere Ausfälle durch Krankheit können dein Einkommen oder Löhne gefährden. Eine KTGV hilft, diese abzusichern.
- **BVG (Berufliche Vorsorge):** Wenn du eine GmbH oder AG gründest, bist du sozialversicherungsrechtlich angestellt – eine Pensionskasse ist daher obligatorisch. Ebenso für Mitarbeitende mit einem Jahreslohn ab CHF 22'680 (Stand 2025).

Je nach Branche können weitere Versicherungen sinnvoll oder sogar gesetzlich vorgeschrieben sein. In diesem Kapitel konzentriere ich mich auf jene, die mir selbst empfohlen wurden – und die ich heute ebenfalls mit gutem Gewissen weiterempfehle.

Liquiditätsplanung – die finanzielle Basis sichern

Ein Unternehmen zu gründen bedeutet nicht nur, eine Idee umzusetzen – sondern auch, finanziell zu überleben. Deshalb brauchst du eine solide Liquiditätsplanung:

- Finanzielle Ressourcen planen: Wie lange kannst du ohne Einkommen durchhalten? Welche Fixkosten musst du decken?
- Einnahmequellen früh erschliessen: Gibt es Wege, schnell erste Umsätze zu erzielen? Etwa durch Pilotkunden oder kleinere Projekte?
- Kosten im Blick behalten: Reduziere unnötige Ausgaben und führe dein Business schlank.
- Notfallstrategie entwickeln: Was passiert bei längeren Durststrecken? Hast du Rücklagen oder Alternativen?

Selbständigkeit beginnt mit einem Plan – nicht mit Zufall.

"Sei wie ein Chihuahua – klein, aber laut"

Die Gründung liegt hinter dir – jetzt beginnt der entscheidende nächste Schritt: dein Unternehmen sichtbar zu machen und die Basis für nachhaltigen Erfolg zu legen. Diese Anfangszeit ist prägend: Du bestimmst, wie dein Business wahrgenommen wird, gewinnst erste Kundinnen und Kunden und beginnst, dich im Markt zu positionieren.

Oft ist diese Phase geprägt von Aufbruchsstimmung, Neugier und dem Drang, endlich loszulegen. Diese Energie ist wertvoll – sie trägt dich durch viele Herausforderungen. Gleichzeitig ist es wichtig, mit klarem Kopf und strategischem Blick vorzugehen. Jede Entscheidung – sei es im Marketing, bei der Preisgestaltung oder im Kundenkontakt – legt den Grundstein für das, was später wachsen soll. Nutze also deine Begeisterung – aber verliere dabei nie die strategische Perspektive aus den Augen.

Mach dich sichtbar – zeig, was du kannst

Niemand wird dein Angebot wahrnehmen, wenn du es nicht aktiv zeigst. Nutze jede Möglichkeit, um dein Unternehmen sichtbar zu machen. Erzähle deinem Umfeld davon, knüpfe Kontakte und sei präsent. Gerade in der Anfangszeit kann dir dein Netzwerk enorm helfen, erste Aufträge oder Partnerschaften zu gewinnen.

Positioniere dich als Fachperson

Vertrauen ist die Währung unternehmerischen Erfolgs. Menschen kaufen nicht nur ein Produkt oder eine Dienstleistung – sie kaufen Vertrauen in deine Fähigkeiten. Positioniere dich als Fachperson in deinem Gebiet, teile dein Wissen und baue so Schritt für Schritt eine glaubwürdige, starke Marke auf.

Auch mit wenig Budget Wirkung erzielen

Nicht jedes Unternehmen startet mit viel Kapital – das ist auch nicht nötig. Besonders in der Startphase gilt: Sei wie ein Chihuahua – klein, aber laut. Es gibt viele kostenfreie oder günstige Wege, um auf dich aufmerksam zu machen:

- **Blog, Vlog & Podcast:** Teile deine Erfahrungen und dein Fachwissen. Du wirst damit nicht nur sichtbarer, sondern stärkst auch deine Position als Fachperson. Und: Dein Content bleibt online – und wirkt langfristig.
- **Social Media:** Plattformen wie LinkedIn, Instagram oder TikTok ermöglichen dir direkten Zugang zu deiner Zielgruppe – auch ohne Werbebudget. Mit regelmässigen, authentischen Inhalten baust du Reichweite auf und stärkst dein Netzwerk.
- **Social Selling:** Das bedeutet, dass du mit deinem Netzwerk interagierst – kommentierst, diskutierst und echte Beziehungen aufbaust. So entsteht Vertrauen – und Sichtbarkeit. (Ich gebe zu: Ich selbst könnte das noch viel konsequenter machen.)
- **Empfehlungsmarketing & Community:** Begeisterte Kundinnen und Kunden sind die besten Multiplikatoren. Pflege deine Beziehungen – vor allem nach dem Kauf. Wer sich wertgeschätzt fühlt, empfiehlt dich gerne weiter.

Emotionen gehören dazu – und das ist gut so

Der Weg in die Selbständigkeit ist selten gradlinig. Du wirst gute Tage haben – und solche, an denen du zweifelst. Das ist normal.

Gerade am Anfang kommen Situationen, die dich herausfordern. Vielleicht auch verunsichern. Aber genau darin liegt deine persönliche Entwicklung. Jede Unsicherheit, jeder Rückschlag ist auch eine Chance zu wachsen. Kein erfolgreiches Unternehmen wurde ohne Fehler oder Zweifel aufgebaut. Akzeptiere diese emotionalen Wellen als Teil des Prozesses. Nutze die Hochphasen für Motivation – und betrachte die Tiefen als Lerneinladung. Mut bedeutet nicht, keine Angst zu haben – sondern trotz Angst weiterzugehen. Oft ist genau das der Moment, in dem Wachstum beginnt.

Glaube an dich – und bleib dran
Selbstzweifel gehören dazu – doch sie dürfen dich nicht stoppen. Vertraue auf deine Stärken, deine Idee und deinen inneren Antrieb.

Erfolg entsteht selten über Nacht. Es braucht Ausdauer, Fokussierung und den Willen, dran zu bleiben. Auch kleine Schritte bringen dich weiter. Wichtig ist die Richtung – nicht die Geschwindigkeit.

Und selbst wenn es nicht so läuft, wie erhofft: Du darfst stolz auf dich sein. Du hast den Mut, es zu versuchen – und das allein verändert alles. Du bist dadurch gewachsen, mutiger geworden und hast neue Freiheit gewonnen.

Struktur bringt Klarheit
In der Selbständigkeit gibt es keine vorgegebenen Abläufe. Deshalb ist Eigenverantwortung entscheidend. Schaffe dir selbst klare Strukturen – mit Arbeitszeiten, Routinen und realistischen Tageszielen.
Nutze Tools wie To-do-Listen oder digitale Planer (z. B. Trello). Plane Pausen ein und vermeide überladene Tage. Struktur bedeutet nicht weniger Freiheit – sie schafft Klarheit und Fokus.
In der Psychologie nennt man das *Realisierungsintention*: Wenn du dir Aufgaben fix in den Kalender einträgst, ist die Chance viel grösser, dass du sie auch wirklich durchziehst – statt sie ewig vor dir herzuschieben.

Arbeitsabläufe dokumentieren
Ob Kundengewinnung, Angebotswesen oder Projektabwicklung – dokumentiere von Beginn an deine zentralen Arbeitsabläufe. Das spart Zeit, reduziert Fehler und bringt Übersicht.

Wenn du später Aufgaben delegierst, hilft dir diese Dokumentation enorm. Neue Mitarbeitende oder Freelancer können sich rascher einarbeiten. Du bleibst handlungsfähig – und dein Qualitätsstandard bleibt erhalten.

Du musst nicht alles können – aber wissen, wer's kann
Niemand gründet allein. Du musst nicht alles selbst machen – aber du solltest wissen, wen du fragen kannst.

Ein gutes Netzwerk ist kein Luxus, sondern ein Erfolgsfaktor. Eine erfahrene Treuhänderin, eine Person mit Marketing-Know-how, juristische Unterstützung: All das gibt dir Sicherheit und spart Zeit.

Ich selbst hatte das Glück, von Anfang an mit Menschen zusammenzuarbeiten, die mich unterstützen. Mein Treuhänder begleitet mich seit Tag eins – und hält mir bis heute den Rücken frei. Diese Unterstützung hat mir ermöglicht, mich auf das Wesentliche zu konzentrieren: mein Unternehmen weiterzuentwickeln.

Fazit
Diese erste Phase ist intensiv, herausfordernd – und gleichzeitig voller Chancen. Wenn du dranbleibst, offen für Neues bleibst und kontinuierlich lernst, legst du ein solides Fundament für alles, was kommt. Du musst nicht perfekt starten. Aber du musst anfangen. Und mit jedem Schritt wirst du besser.

VOM SELBSTÄNDIGEN ZUM UNTERNEHMER

"Ein Unternehmer arbeitet nicht nur im, sondern am Unternehmen."

Gratuliere! Was einst nur eine Idee in deinem Kopf war – vielleicht sogar belächelt oder angezweifelt von anderen – ist heute ein funktionierendes Geschäftsmodell.

Du hast etwas aus dem Nichts aufgebaut. Du hast dir Wissen angeeignet, Kunden überzeugt, Lösungen entwickelt, Fehler gemacht und daraus gelernt. Du hast unzählige Entscheidungen getroffen – oft allein, oft im Zweifel. Du bist durch lange Tage und kurze Nächte gegangen, hast Rückschläge weggesteckt – und bist immer wieder aufgestanden.
Und heute? Heute läuft es. Dein Geschäft steht auf eigenen Beinen. Es bringt Umsatz, hat Substanz – und du weisst: Es funktioniert.

Doch genau hier beginnt ein neuer Abschnitt. Denn auch wenn du nicht mehr ganz am Anfang stehst, ist das nächste Level in Sicht: Jetzt ist es Zeit, die Rolle zu wechseln – vom Selbständigen zum Unternehmer.

Ein Selbständiger arbeitet im Tagesgeschäft mit – er macht vieles selbst, ist in fast jeden Prozess involviert. Das ist wertvoll, aber auch begrenzt.
Ein Unternehmer hingegen denkt grösser. Er baut Strukturen, Systeme, Teams. Er entwickelt ein Unternehmen, das auch ohne ihn funktioniert. Nicht, weil er sich zurückzieht – sondern weil er den Blick hebt: auf das Ganze, auf die Zukunft.

Der Übergang von der Selbständigkeit zum Unternehmertum ist kein plötzlicher Sprung. Es ist ein Prozess – aber er beginnt mit einer bewussten Entscheidung: Dein Unternehmen nicht nur zu betreiben, sondern zu führen, zu entwickeln und zu gestalten.

Selbständig oder Unternehmer – wo liegt der Unterschied?
Ein Selbständiger tauscht in erster Linie Zeit gegen Geld. Du machst (fast) alles selbst: Kundenkontakt, Buchhaltung, Marketing, Produkte, Support. Das ist am Anfang notwendig – aber es hat klare Grenzen. Denn deine Zeit ist begrenzt – und damit auch dein Wachstum.

Ein Unternehmer baut Strukturen auf. Er stellt Mitarbeitende ein, definiert Abläufe, entwickelt Visionen. Er arbeitet nicht nur im, sondern am Unternehmen.

Der grösste Unterschied liegt nicht in den Aufgaben, sondern im Mindset: Als Selbständiger willst du alles im Griff behalten. Als Unternehmer lernst du, Verantwortung abzugeben und Vertrauen aufzubauen. Kontrolle loszulassen bedeutet nicht, weniger Einfluss zu haben – sondern anderen zuzutrauen, mit Verantwortung umzugehen.
Du wechselst vom Tun ins Führen. Vom Reagieren ins Gestalten. Vom Heute ins Morgen.

Die ersten Mitarbeitenden – ein Meilenstein mit Verantwortung
Der Schritt, Mitarbeitende einzustellen, verändert alles. Du gibst Verantwortung ab – und gewinnst Zeit, Fokus und neue Möglichkeiten. Gleichzeitig fordert er dich auch emotional heraus.

Als ich meine ersten Mitarbeitenden eingestellt habe, war das ein besonderer Moment: aufregend, bedeutsam – aber auch einschüchternd. Plötzlich waren da Menschen, die an meine Vision glaubten und sie mittragen wollten.

Natürlich kamen auch Zweifel:
Kann ich den Lohn wirklich jeden Monat zahlen?
Was, wenn der Umsatz schwankt?
Habe ich genug Aufgaben?
Bin ich überhaupt in der Lage, jemanden zu führen?

Ich war bisher alles in einer Person: Chef, Assistenz, Verkauf, Backoffice. Führung war neu – und ehrlich gesagt auch beängstigend.

Ich habe Fehler gemacht. Zum Beispiel jemanden eingestellt, ohne genau zu wissen, wofür – nur weil ich nicht absagen wollte. Das war menschlich, aber unternehmerisch nicht durchdacht. Heute weiss ich: Eine klare Rolle, ein echter Bedarf und strukturierte Abläufe sind die Grundlage jeder erfolgreichen Zusammenarbeit.

Diese Fehler waren wichtig. Sie haben mich gezwungen, zu wachsen – fachlich und persönlich. Ich musste lernen, Verantwortung zu übernehmen, Entscheidungen zu treffen, ehrlich zu kommunizieren. Nicht perfekt – aber echt. Und mit dem Willen, besser zu werden.

Wenn du an diesem Punkt stehst: Zweifel sind normal.
 Führung ist keine angeborene Fähigkeit. Sie entsteht – mit jedem Schritt, mit jedem Mitarbeitenden, mit jeder Entscheidung.

Von Bauchgefühl zu Klarheit: Deine ersten Schritte
1. Verstehe die finanziellen Auswirkungen
Mitarbeitende einzustellen fühlt sich wie Entlastung an – und das ist es auch. Aber es bringt eine neue Verantwortung mit sich: Fixkosten.

Ob der Umsatz hoch ist oder schwankt – der Lohn muss pünktlich bezahlt werden. Diese Verpflichtung verändert deine Denkweise. Wo du vorher flexibel warst, musst du jetzt langfristig und stabil planen.

Ein häufiger Fehler ist, zu früh einzustellen – aus Überforderung oder Aktionismus. Ich spreche aus Erfahrung. Aber: Es ist besser, später und stabil zu starten, als früh und unsicher.

Fragen zur Selbsteinschätzung:
Reicht mein Umsatz auch bei Verzögerungen?

Habe ich Rücklagen für mindestens drei bis sechs Monate Lohnkosten?

Lässt sich mein Geschäftsmodell multiplizieren – oder bleibt alles an mir hängen?

2. Wen brauchst du wirklich zuerst?

Nicht jede Position ist entscheidend. Überlege dir:

- Welche Aufgaben halten dich vom Wachstum ab?
- Was kannst nur du tun – und was kannst du abgeben?
- Wo bringt dir eine Entlastung den grössten Hebel?

Die Antwort liegt oft nicht in strategischen Rollen, sondern im Tagesgeschäft: Backoffice, Assistenz, Kundensupport. Diese Funktionen schaffen dir Zeit für das Wesentliche – Strategie, Entwicklung, Führung.

3. Systeme vor Menschen – manchmal

Nicht alles muss sofort delegiert werden. Manchmal reicht ein gutes System.

Angebotswesen, Rechnungsstellung, Projektabläufe – vieles lässt sich durch Tools und Prozesse automatisieren.

Erst Ordnung – dann Wachstum.

So professionalisierst du dein Unternehmen, noch bevor du das erste Team aufbaust.

Fazit: Unternehmersein beginnt im Kopf

Es geht nicht nur um Mitarbeitende oder Prozesse – es geht um deine Rolle.

Je früher du beginnst, wie ein Unternehmer zu denken, desto nachhaltiger wirst du wachsen. Du wirst lernen, loszulassen, Verantwortung zu teilen, zu führen.

Du wirst Unsicherheiten erleben – und trotzdem handeln. Und genau darin liegt die Stärke eines Unternehmers: Nicht alles selbst zu machen – sondern dafür zu sorgen, dass es gemacht wird.

Du bist nicht mehr allein. Und das ist gut so. Denn du baust etwas, das grösser ist als du selbst: Ein echtes Unternehmen. Mit Substanz und mit Zukunft.

WAS ICH NOCH SAGEN WOLLTE...

Zehn Jahre. Ein Jahrzehnt voller Höhen und Tiefen, voller Zweifel und Durchbrüche, voller harter Arbeit – und manchmal auch einfach Glück. Wenn ich auf diese Zeit zurückblicke, dann wird mir klar: Ich bin nicht allein hierhergekommen. Dieser Weg war geprägt von Begegnungen, Gesprächen, Anregungen, Rückschlägen und vielen kleinen Momenten, die mehr bewirkt haben, als es auf den ersten Blick schien.

Was ich in diesen Jahren gelernt habe, lässt sich nicht in einfache Regeln pressen, aber ein paar Gedanken möchte ich dir mit auf den Weg geben – so, wie sie mir geholfen haben:

Lerne von anderen. Es gibt kaum eine bessere Schule als die Erfahrung eines anderen Menschen. Lass dich inspirieren – nicht nur von den ganz Grossen, sondern auch von den stillen Machern im Hintergrund, von denen, die nicht immer auf der Bühne stehen, aber viel zu sagen haben.

Rede mit Menschen. Frag sie nach ihren Erfolgen, aber vor allem auch nach ihren Fehlern. In den Fehltritten steckt oft das grösste Potenzial für Wachstum – und Offenheit schafft Verbindung.

Lies Bücher – auch die von Menschen, die gescheitert sind. Gerade darin liegt oft der grösste Schatz. Es geht nicht nur um die Erfolgsrezepte, sondern um die Geschichten, die das Leben schreibt. Du wirst dich in vielen Zeilen wiederfinden.

Sei neugierig. Stell Fragen, such Antworten, bleib offen. Neugier ist der Treibstoff für Entwicklung – persönlich wie beruflich.

Hab Spass dabei. Wenn du das, was du tust, nicht irgendwie liebst – dann wird es schwer, dran zu bleiben. Der Spass ist es, der dich durch dunkle Nächte trägt und dich morgens wieder aufstehen lässt, wenn alles gerade nicht läuft.

Und noch etwas, das ich mit der Zeit verstanden habe:
Nimm dir bewusst Zeit. Für dich selbst. Für die Menschen, die dich begleiten. Und für alles, was dir gut tut. Gerade wenn es läuft, wenn du in Fahrt bist, wenn du Gas gibst – genau dann besteht die Gefahr, dich selbst zu vergessen.

Aber auch ein Formel-1-Wagen fährt nicht einfach durch, bis der Tank leer ist. Selbst auf Höchstniveau sind Boxenstopps entscheidend. Nicht als Pause vom Rennen – sondern als Teil der Strategie. Wer zu lange durchzieht, verliert am Ende.
Dein Akku ist nicht unendlich. Du bist kein Dauerläufer, sondern ein Mensch. Und niemand gewinnt das Rennen, wenn er auf halber Strecke stehenbleibt.

Ich habe gelernt: Erfolg ist nur dann wirklich etwas wert, wenn auch das Leben nicht zu kurz kommt. Freunde, Familie – und der Chihuahua, der ausgerechnet dann Aufmerksamkeit will, wenn du gerade ein wichtiges Mail schreiben willst – sorgen ganz nebenbei dafür, dass auch der Rest nicht zu kurz kommt.

Bleib neugierig. Bleib offen. Und vor allem: Hab Spass dabei.

Zum Schluss bleibt mir nur eines zu sagen: **Danke.**

 Danke an all jene, die mich in diesen zehn Jahren unterstützt, beraten, begleitet, motiviert, kritisiert – und manchmal einfach nur ausgehalten haben. Eure ehrlichen Worte, euer Glaube an mich – aber auch eure Zweifel – haben mich wachsen lassen.
Ich hoffe, dass meine Geschichte, meine Gedanken, vielleicht auch meine Fehler jemandem helfen können. Wenn ja, dann hat sich alles gelohnt.

ÜBER ENZO SCHREMBS

Enzo Schrembs ist Wirtschaftsjurist ZFH mit Spezialisierung auf Gesellschaftsrecht, Vertragsrecht und Arbeitsrecht. Geboren 1981 in Locarno (TI) und dort aufgewachsen, zog er 2004 nach Heidelberg (D), um Deutsch zu lernen – und lernte dort auch seine heutige Ehefrau kennen. Heute lebt er mit ihr in Tägerwilen (TG).

Er ist Gründer und Inhaber mehrerer Unternehmen, darunter die Schrembs Solutions AG, ESTRA Übersetzungen, Schrembs Legal und Allegra41. Seit 2011 ist er zudem als Ersatzrichter am Bezirksgericht Kreuzlingen tätig.

Bevor er seine unternehmerische Laufbahn einschlug, sammelte Enzo vielfältige Lebens- und Berufserfahrungen: Er reiste viel und arbeitete in unterschiedlichsten Branchen – unter anderem als Immobilienmakler, in der Hotellerie, in der Logistik und als Croupier.

Als Dozent unterrichtet er Wirtschafts- und Arbeitsrecht an privaten Hochschulen in der Schweiz – insbesondere für HR-Fachleute, Verkaufs- und Marketingleiter sowie Führungskräfte.

Darüber hinaus ist Enzo Schrembs Autor eines Blogs, Vlogs und Podcasts, in denen er rechtliche Themen verständlich, praxisnah und anwendbar aufbereitet – speziell für Gründer, Start-ups und KMUs.

Seine Lieblingsfarbe ist Pink – auch im Recht darf es manchmal ein bisschen Farbe geben.

schrembs-solutions.ch

estra.ch

legal-office.ch

Enzo hat
RECHT

Ob du noch Gründer bist oder schon Unternehmer – hier bekommst du praktische Tipps und juristisches Know-how, das verständlich ist und sich direkt anwenden lässt.

Überall, wo es Podcasts gibt – und auf YouTube.

PODCAST

VLOG

„**Ich habe eine Idee!**" ist ein inspirierender, praxisnaher Ratgeber für alle, die den Sprung in die Selbstständigkeit wagen oder bereits als Gründer aktiv sind. Enzo Schrembs teilt in ehrlicher, persönlicher Sprache seine eigene Reise vom spontanen Start ohne Plan bis hin zum erfolgreichen Unternehmer mit mehreren Firmen.

„**Ich habe eine Idee!**" führt Schritt für Schritt durch die wichtigsten Phasen der Selbstständigkeit – von der Idee über Gründung und Geschäftsmodell bis hin zum Übergang zum Unternehmer. Es beantwortet zentrale Fragen wie: Wann starten? Gründen oder kaufen? Was macht mein Angebot einzigartig?

Besonders stark ist der persönliche Ansatz: Viele Anekdoten, Learnings aus Fehlern, Mutmacher und ehrliche Tipps aus der Praxis machen das Buch leicht verständlich und motivierend. Der Autor gibt keine starren Regeln vor, sondern liefert Denkanstösse, um den eigenen Weg authentisch und reflektiert zu gehen.

Ein zentrales Thema ist die Entwicklung vom „Macher" zum „Gestalter" – also wie man beginnt, nicht nur im Unternehmen zu arbeiten, sondern am Unternehmen. Der Lesende wird ermutigt, Verantwortung zu teilen, Strukturen zu schaffen und aus Scheitern zu lernen.

Fazit: Dieses Buch ist kein trockener Businessplan-Leitfaden, sondern ein lebendiger Begleiter für die Gründungsreise – mit Herz, Verstand und einer ordentlichen Portion Realität.